Victoria Park
Well St
London
Tudor Rd
Mare St
Victoria Park Rd
Lauriston Rd
Grove Rd
Duncan Rd
E Cross Rte
Goldsmiths Row
Pritchards Rd
Hackney Rd
Cambridge Heath Rd
Bethnal Green
Bethnal Green Rd
Globe Rd
Grantley St
Bancroft Rd
Cordova Rd
Lichfield St
Morgan St
Aberavon Rd
Mile End Rd
Mile End
Bow Rd
Stepney Green
Mile End Stadium
Whitechapel
Whitechapel Rd
Commercial Rd
Sutton St
Shadwell
The Hwy
Branch Rd
Limehouse Link
E India Dock Rd
Gill St
Grenade St
Narrow St
Garnet St
Wapping Wall
Vaughan Way
Wapping High St
1
2
3
4
5
6
7
8
11
12
14
15
16
17
18
19
20
21
22
23
24

MATTHIAS POLITYCKI

LONDON FÜR HELDEN

The Ale Trail – Expedition ins Bierreich

| Hoffmann und Campe |

Eine Liebeserklärung an die Stadt.
Und ein Dank an meine Mittrinker von
Queen Mary (University of London),
Herbst 2009: insbesondere an Sue, Margit,
Jan und … Falco Pfalzgraf.

1. Auflage

www.hoca.de
Illustrationen und Karte: Claas Janssen, *www.janssen-illustration.de*
Gesetzt aus der Baskerville
Druck und Bindung: C. H. Beck, Nördlingen
Printed in Germany
ISBN 978-3-455-40323-7

HOFFMANN
UND CAMPE

Ein Unternehmen der
GANSKE VERLAGSGRUPPE

»Britain's cask beer is renowned the world over: it's the jewel in London's crown that everyone wants to experience.«

Mike Fitzgerald, Greene King Pub operations director for London & South East, anläßlich des Erstausschanks von *Royal London* als *»new brew for the capital«* am 21. 8. 2009

ERSTE STATION

Ich bin die Bierhure,
sagte mein Gastgeber, ich geh mit jedem
auf der Stelle eins trinken,
wann immer, wo immer, hab keine Angst.

9

Also hatte ich Durst.
Kam mit und trank mit ihm,
der sich hier schon seit ’n paar Jahren
tüchtig eingetrunken und, zumindest

auf seiner Hausstrecke, ’nen sagenhaften Ruf
als so ’ne Art Pfalzgraf des East End erworben hatte,
kam mit und trank mit ihm in dieser langen
                                        Londoner Nacht,
trank mich durch die Grand crus der Stadt:

ZWEITE STATION

Wir begannen natürlich
mit 'nem *Royal London,*
das offensiv malzig,
im Abgang nach altem Feudel schmeckte,
und 'nem *London Pride*
(»*Whatever you do take pride*«),
das erst recht malzig
und im Abgang nach …
ja, nach was denn schmeckte?
Nach verranztem Murmeltier?
'nem räudigen Kater?
Nach Ziegenbock?

Wir nahmen die Sache ernst und
machten uns 'nen Arsch voll Gedanken;
schließlich wollte's der Pfalzgraf
mit 'nem Achselzucken abtun,
mußte dann allerdings zugeben,
daß er sich seit Jahr und Tag
um die einheimischen *real ales* herumgetrunken hatte,
die seien ihm von Anfang an suspekt gewesen,
die schmeckten bestenfalls *very British,*
wären nicht kompatibel mit 'ner Kontinentalkehle,
die löschten keinen Kennerdurst.

Aber bitte, schon gut,
er sei zu allem bereit.
Und werde den Abend, mir zuliebe,
komplett mit Britenbier bestreiten,
wär ja gelacht, wenn man nicht auch damit
am Ende auf der Zielgeraden landen würde,

aber hallo!
Wo waren wir stehengeblieben?
Bei ’nem *London Gold*
(»*In a field of its own*«),
das verflucht malzig am Gaumen klebte
und im Abgang …?

Jetzt aber wirklich mal im Ernst!

Wir schmeckten
und schmeckten
und schmeckten,
kamen freilich nur immer wieder auf
alte Feudel.
Auf feuchte alte Feudel.
Feuchte alte Feudel, die man nachm Wischen
nie or’ntlich ausgewaschen hatte.

Während ’ne Rentnerband ihren Platz im Eck bezog
und nach Begrüßung etlicher grau-
und weißhaariger Herrschaften im Publikum
(die sich später, einer nachm andern,
als Sänger enttarnten und der Reihe nach
mit auf die Bühne durften, um dort ein,
zwei Lieder aus ihrem Repertoire zu geben;
der offizielle Sänger der Gruppe
fungierte als Conferencier) –,
während ’ne Rentnerband nach Begrüßung
auch der grau- und weißhaarigen Groupies
den altbekannten Daddeljazz anstimmte,
berieten wir uns übern *Abbot Ale*,

die Brauerei nannte's »*casked conditioned beer*«,
(»*When you're ready you'll find it*«),
der erste Schluck hart wie 'ne persönliche Kränkung,
bis zum letzten Zug vermuteten wir
'ne Fichtennadelkomprette am Boden des Glases.

Dann lieber Arkell's labbriges *JRA*[1],
'ne Art Altbierbowle für Schnabeltassentrinker
und solche, die's werden wollten,
lauter leere Schlucke,
'ne einzige Durststrecke,
wir lachten empört auf, und
weil wir uns darüber gar nicht beruhigen wollten,
schrieb ich Wort für Wort vom Zapfhahn ab,
was darauf an Vollmundigem zu finden.
Denn jetzt wollten wir's wissen.

Mittlerweile hatte rund um uns
'n Geschunkel und Geschiebe und in dessen Zentrum
'n offensiv fröhliches Daddeldirty-Dancing angehoben;
der amtierende Sänger,
'n gutgelaunter Glatzkopf mit Pförtnerbrille,
imitierte John Travolta,
allerdings in Zeitlupe,

1 *James' Real Ale*, speziell zum Fünfzigsten für James Arkell gebraut; läppische 3,6 %, wahrscheinlich war der damalige *managing director* verkappter Antialkoholiker. Schon zum Achtzigsten ihres *chairmans* Peter Arkell im Jahre 2003 legte die Brauerei 'ne Sonderedition auf, *Moonlight*, in Erinnerung an dessen Tiefflugeinsätze 1943, bei denen er – angeblich »*in the full moon period*« – Agenten auflas, die im besetzten Frankreich operierten. Versteht sich, daß dieses Bier deutlich mehr Alkohol hat, 4,5 % vom Hahn bzw. 5 % in der Flasche.

’n Rudel gut betankter Tanzbären im Publikum tat’s ihm –
nach Kräften mitbrüllend und
jeden, der nicht im Rhythmus wackelte,
von der Seite militant anfaunend –,

tat’s ihm nach.
Wir nuckelten noch ’n paar Takte
an unserm *Sherlock Holmes Ale*[2] rum
(hatte’s überhaupt
nach irgendwas schmecken *wollen*?),
stellten die Gläser artig
aufm Tresendeckchen ab
und wechselten zum nächsten Pub.
Denn wir wollten’s wissen.

2 ’ne Spezialabfüllung von Greene King, wenn’s hoch kommt; in Wirklichkeit wahrscheinlich ’ne bloße Umetikettierung der *Old Speckled Hen*. Wird eigentlich nur im Sherlock Holmes ausgeschenkt, also im West End – aber bis dahin haben wir’s in dieser Nacht garantiert nicht geschafft.

DRITTE STATION

Vom Palm Tree wechselten wir zum Perseverance[3],
vom Perseverance gleich weiter zum Royal Inn on the Park,
zum Carlton Arms, zur Railway Tavern,
eh wir so richtig drin waren,
19 schauten wir schon, daß wir weiterkamen,
selbst von einem Trinkfachgeschäft namens Lord Tredegar
und seinem bärbeißigen Mundschenk,
der uns mit Anekdoten und Witzen
den Weg nach draußen zu verstellen suchte,
selbst von seinem einzigen Stammgast,
der uns mit deutschen Wortbrocken
und Kenntnissen zur Ausrüstung der Wehrmacht
zum Stillstand bringen wollte,
ließen wir uns nicht aufhalten.
Als wären wir auf der Flucht gewesen.

Dabei waren wir auf der Suche
nach dem einen, dem erlösenden Schluck.
Nach der einen, der erlösenden Erkenntnis.

Vor lauter Verkostungseifer, ex und hopp,
vergaßen wir erst mal alles andre,
hatten keinen Blick für Schnörkel und Kringel
altehrwürdig englischer Kneipenkultur,
schließlich hatten wir 'ne Aufgabe,
hatten 'n Ziel. Doch was wir auf jeden Fall
und immer wieder mitbekamen
und in aller Deutlichkeit:

3 'ne Kneipe, die sich bereits mit ihrem Namen zum Ausdauertrinken bekennt, sozusagen »Zum Durchhaltevermögen«, das gefiel uns.

Ob auf der Kohleattrappe im Kamin
'n künstliches Feuer flackerte oder
riesige Fliesenbilder
an der Wand hinterm Tresen ragten,
ob dicke Blondinen in lustigen Rüschenblusen und
erstaunlich kurzen lustigen Röckchen
zum Karaokesingen und Klatschen animierten
oder 'n gesetzter Herr zur *quiz night*,
ob's nach vielen Runden Jägermeister roch oder
nach 'ner Tracht Prügel,
ob der Barkeeper aus Australien kam und selber ausgiebig
'n Kopf über *Berry Good Ale*[4] schüttelte
oder ob die Wirtin jede Bestellung mit 'nem immergleich
barschen »*O.k., darling*« quittierte,
ob *Old Speckled Hen* aufgetischt wurde,
Dog's Bollocks oder *Polar Bear*[5],
schlußendlich schmeckte alles nach *Skunk Triple FFF*[6]
oder, ganz eigentlich, jawohl,
nach altem Feudel.

4 Von Hydes. Kein *real ale* im engeren Sinn, weil mit Beerensaft gepanscht. *(Unreal) Ale* hingegen schon, auch wenn's dunkelrot daherkommt.

5 Tatsächlich stand aufm Wappen der Brauerei am Zapfhahn *Polar Beer*. In jedem Fall, so einige unsrer Tresennachbarn, »*proper stuff*«.

6 Ich glaube, wir pumpten zum Abschluß unsrer kleinen Tierrunde 'n *Badger Ale* ab, wußten nicht, daß *Badger* »Dachs« heißt, erkannten nicht mal das Wappentier der Brauerei als Dachs und wurden ersatzweise witzig.

VIERTE STATION

Um uns nicht vorschnell
am falschen Ende der Nacht festzutrinken,
griffen wir –
nachdem wir noch rasch irgendwo
'n *Nutty Black* gesaugt hatten
(»*And they all lived happily ever after*«) –,
griffen nicht etwa zu Ausweichbieren vom Kontinent,
zu *Leffe, Staropramen* und wie sie alle heißen,
die sicheren Zapfhähne in den Schenken der Welt.
Sondern zu *Boddingtons Bitter*[7]
und 'n paar weiteren *Premium Bitters,*
die genauso schmeckten, wie sie hießen,
zum Beispiel *Wells Bombardier,*
das sich aufm Flaschenetikett rundheraus
als »*Drink of England*« rühmte,
»*a richly rewarding traditional, burnished copper ale,*
bursting with English spirit«, guck an,
dann aber mindestens mit Kerosin versetzt war.

Wie wir gerade von 'nem *Dr. Jekylls ESB*[8, 9, 10]
zu 'nem *John Smith's Extra Smooth* übergingen,
(»*The number 1 smooth ale in the UK,*
enjoyed over a million times each day«),
kam der Wirt, uns zu verscheuchen:

7 Als »*The Cream of Manchester*« gerühmt, als »*Boddies*« geordert, de facto erstaunlich seichtes Gewässer.

8 *Extra Special Bitter* (6,32 %) von 'ner gewissen Drunken Dragon Brewery, wo immer sie liegen mag, vielleicht ja in China Town; ihr Slogan: »*This ain't no yellow fizz for wimps*«. Sobald das Glas leergetrunken war, hieß das Bier angeblich *Mr. Hyde.*

9 Anmerkung des Pfalzgrafen: Werde den Verdacht nicht los, daß wir hier 'nem US-Hersteller aufn Leim gegangen sind; »*Dr*« mit Punkt,

Er brauche den Platz,[10]
»Sorry to bother you, mates«,
um seine Gummimatte auszurollen,
sozusagen das Spielfeld,

in wenigen Minuten treffe man sich hier,
wie jeden Freitag, zum Dart.
Beiläufig wies er auf die Scheibe an der Wand,
unser Tisch stand so offensichtlich in der Einflugschneise,
daß wir auf der Stelle ansetzten und –
»Hau wech die Pfütze!« –
wegschütteten, was wegzuschütten war.

Kaum saßen wir an der Bar
und widmeten uns 'nem *Bass*
(das zur Abwechslung mal nicht bitter,
sondern flach und sauer war,
regelrecht verbraut),[11]

»*Jekyll's*« ohne Apostroph … also ich weiß nicht. Das Zeug kam an jenem Abend freilich ganz scheinheilig ausm Hahn, als *guest ale.*

10 War's vielleicht bloß *Jekyll's Gold* gewesen, also ebenfalls »*Manchester born and brewed*«?

11 Vielleicht deshalb die Kampagne der Brauerei, »*The Delicious Duo*«: 'n halbes Glas *Bass* (»*Accept no substitutes*«), der Rest – volle Dröhnung *Guinness*! Das nicht nur die kräftige Farbe, sondern auch 'n Geschmack dazugibt – tja, in solch markanter Gesellschaft fällt sogar 'n *real ale* nicht mehr sonderlich unangenehm auf. Aber das *Guinness* nicht einfach aufs *Bass* draufkippen, 's darf sich ja erst mal nicht damit vermischen! Es selbst über 'nen Löffel dazuzugießen, wie man's angeblich seit 1889 praktiziert, reicht der Brauerei nicht: Fürs »*Authentic Black and Tan*« vertreibt sie 'n spezielles Einschenksieb, »*the right tool for the job – The Bass Brolly*«. Auf ihrer Homepage beschreibt sie »*the proper pour*« in vier Schritten: Die Linke hält das Glas fest, die Rechte schüttet im 45-Grad-Winkel … Man lernt nicht aus, selbst beim Biereinschenken nicht. – Im übrigen: Nimmt man anstelle des *Bass* 'n *Sovereign Bitter* von Samuel Smith (und meinetwegen auch gleich das stinknormale *Stout* derselben

da kamen in rascher Folge die Dartspieler,
ausnahmslos ältere Damen mit Dauerwelle,
jede hatte ihre eignen Wurfpfeile und
für die andern ’n geborgtes Lächeln dabei.
Wortlos begannen sie,
reihum ins Rote, Grüne und
gelegentlich Schwarze zu treffen,
wir sahen zu und nippten an ’nem *HSB*[12] herum,
gleich drauf an ’nem *Whitbread Bitter*,
’s war fast so dunkel wie ’n *Stout*
und schmeckte wie lauwarmer Hustensaft,
allerdings wie einer, den man
schwer mit Kupfer oder
Eisen versetzt hatte,
wir mußten jeden Moment damit rechnen,
’ne verrostete Münze zu verschlucken.

Brauerei, ’s muß ja nicht immer gleich ’n *Guinness* sein), dann schmeckt ’n »*Black and Tan*« erst recht, ob »*authentic*« oder nicht, was soll’s.

12 *Horndean Special Bitter* von George Gale & Co., 2005 von Fuller’s geschluckt, seitdem »*with pride and passion*« im Stammhaus von Fuller’s gebraut, West London. Allerdings noch mit der Hefekultur, die man aus Portsmouth bzw. Horndean von Gale mitgebracht hat – sie fühle sich wohl in ihrer neuen Heimat, wird verlautbart, sei »*alive and well*«. Da waren wir aber mächtig erleichtert! Selbst wenn wir den »*hint of Dundee cake*« nicht rausschmecken konnten, *HSB* bleibt damit auch in Zukunft – jedenfalls in der Werbung – »*a more rewarding pint*«.

FÜNFTE STATION

Als wir an dieser Stelle des Abends angekommen waren –
die Damen, so sie nicht grade mit ihren Spickern warfen,
prosteten uns aufmunternd zu –,
als wir, schließlich wollten wir
29 systematisch vorgehen und nichts,
aber auch gar nichts auslassen,
was uns womöglich 'n Aha-Erlebnis beschert oder
wenigstens der Idee des Ganzen näher gebracht hätte,
dem Geheimkonzept, das all dem Britenbräu
zugrunde liegen mußte,
als wir 'n paar jener
verhopften *India Pale Ales*[13] verkostet hatten –[14]
'n lackes *IPA* von Greene King
(*»won the Gold award
at the 2004 Campaign for Real Ale
Great British Beer Festival
in the Bitter category
and runner-up
in the Champion Beer of Britain category*«,
Jesses!),
'n ebenso schlaffes *Rossis IPA*
und als drittes auch gleich noch
'n überraschend plattfüßig daherkommendes

13 Sozusagen die *ales* des East End schlechthin, gehen sie doch aufs *October beer* einer Brauerei in Bow zurück, das bei der East India Company populär wurde – angeblich tat der viele Hopfen den Bieren auf der langen Reise nach Indien gut. Für uns, die wir vor Ort löschen mußten, allenfalls flüssige *Rule, Britannia!*-Nostalgie.

14 Genaugenommen (falls ich meine Notizen hier richtig zuordne) nahmen wir zuvor erst noch 'n »*hand crafted English Lager*« namens *Freedom*. Und 'n *Carling Lager* aus »*100 % British barley*«, offensichtlich *das* Brackwasser für Billigtrinker.

Old Empire von Marston's (»*Don't compromise!*«) –,
als wir an dieser Stelle des Abends an-
und immerhin einige Gläser weitergekommen waren,
hatten wir fünfzehn, zwanzig Freundinnen gewonnen,
und weil die nicht untereinander redeten,
kamen sie der Reihe nach, mit uns anzustoßen
und auf vollkommen unverständliche Weise
                                        in ihrem Hackney-
oder Stepney-Slang rumzuschäkern.
Wir schäkerten zurück, was das Zeug hielt,
reinstes Reality-TV,
normalerweise hätten wir uns dafür
in Grund und Boden geschämt.

's war aber nicht mehr normalerweise,
von ei'm Schluck zum nächsten hatte sich,
mit Ausnahme der Biere,
die ganze Welt zum Besseren verändert,
wir hatten gerade so viel getrunken,
daß wir uns unwiderstehlich großartig fühlten,
regelrecht unbesiegbar und
zu allem fähig,
einschließlich Mit-alten-Damen-Spickern,
Mit-alten-Damen-Schlaffbiersaufen,
Mit-alten-Damen-Scherzen,
sogar über ihre Hunnenwitze
lachten wir nach Kräften mit,
's fehlte bloß noch,
daß einer Frank Sinatra aufgelegt hätte,
wahrscheinlich wären wir dann gar nicht mehr
ungerupft aus dem Laden rausgekommen.

Vielleicht schmeckten die *India Pale Ales* deshalb
am Ende wie die *Bitters* zuvor,
oder die *Bitters* hatten bereits
wie *India Pale Ales* geschmeckt,
ohnehin waren sie ja alle miteinander
verwandt und verschwägert und versippt,
waren Malzbrüder und -onkel und -neffen
aus der stolzen Familie der *wirklichen Biere*,
nach englischem Reinheitsgebot gebraut
und aufn größten gemeinsamen Nenner gebracht,
das wußten wir jetzt,
verbeugten uns,
ließen dabei ’n Glas mitgehen
und sahen zu, daß wir Land gewannen.

SECHSTE STATION

Mittlerweile hatten wir uns,
Pint für Pint,
vom Pride of Spitalfields
ins Bancroft Arms rübergeschluckt,
wohl auch durch die Ten Bells,
durchs Globe und The Crown
bis in den Prospect of Whitby,
fast ausnahmslos feine Trinkstuben,
original altenglisch dekoriert,
mit Blumenkübeln draußen zwischen den Fenstern und
versifft müffelnden Teppichböden drinnen,
mit altem Gebälk rund um 'n Tresen,
jeder Menge witzelnder Trinkgenossen,
lauter Musik und zügigen Zapfern:
Die Pubs waren willig, doch das Bier war schwach.

Wir lästerten über alles, was ins Glas kam,
anders war's gar nicht auszuhalten,
ein Graus.
Der ganze große Rest der Stadt jedoch,
der stand uns jetzt sperrangelweit offen,
zwei gefürchteten Helden
auf ihrem Gang bis ans Ende der Nacht,
zwei Helden, die auf ihrem Weg nur mal schnell
da oder dort nachm Rechten
oder nachm Linken sahen
und dabei unbarmherzig ausm Weg schluckten,
was ausm Weg zu schlucken war,
fortan war alles möglich,
's lag nur an uns, es aufzuspüren –
ES!

Reichlich euphorisch betraten wir das Dirty Dicks[15]
und bekamen vor lauter Kerlen rund um'n Tresen
zunächst gar nicht mal mit,
wer da zapfte und
dezent schielte und
mitn Hüften schwenkte, daß es 'ne Art hatte.
Als wir's freilich gecheckt hatten,
bestellten wir möglichst lässig –
»Get us a couple of Britneys« –
und von ganz oben herab
'n Fuller's *ESB*[16],
danach 'n *Honey Dew Beer*
(*»a delicious easy-drinking ale
laced with organic honey –
perfect summer drinking«*)[17]
(als ob das Verfallsdatum des Sommers
nicht längst abgelaufen wär)
(im übrigen nicht mal 'n offizielles *real ale*,
was mußten sie auch ihren bescheuerten Honig dazutun)
und leerten das eine wie das andre
mit steinerner Miene,
auch Hunnen konnten was vertragen,

15 Vielleicht war's auch der Blind Beggar. Die Reihenfolge der Pubs scheint mir ohnedies leicht durcheinandergeraten. Die der dazugehörigen Getränke entsprechend.

16 Auch in diesem Fall *Extra Special Bitter*, vgl. Anm. 8; beworben als *»extra special champion ale«*, im Spezialglas serviert, wie's 'ner *»true liquid legend«* wohl gebührt. Von Toffee, Karamel, Zitrone, Grapefruit, Orange und Limone, die laut *tasting notes* zu erschmecken gewesen wären, bekamen wir trotzdem nichts mit.

17 Und natürlich nichts weniger als *»the UK's best selling organic beer«*, ebenfalls von Fuller's.

ob britisches Feudelwasser oder
Biohonigsommerbrühe,
das wollten wir doch mal sehen.

37 Die Zapfhähne leuchteten hier von innen,
und an sämtlichen Säulen und
Erkern und
Dachvorsprüngen des Tresens
blinkerte ’ne unendlich lange Lichterkette,
’ne permanent auf und ab ruckende
zuckende Zündschnur der guten Laune,
hier ging’s weder ums bockwurstfarbne *Tetley’s*
(»*England’s best-kept secret since 1822*«)
noch ums senffarbne *Cumberland* von Jennings
(erst kam’s nicht richtig hoch,
und dann fiel’s am Ende sogar noch ab),
hier ging’s einzig und allein darum,
ob der ganze Laden
mit all den prächtig lärmenden Gesellen darin
in der nächsten Sekunde einfach abheben
und explodieren würde.
Oder erst in der übernächsten.

Oder war das schon im Pub on the Park?
Im Dolphin?[18] Im –? Egal!

18 *Hot Food / Cold Beer / Warm Welcome*« (so die Begrüßungslyrik an einer der Fensterverblendungen draußen) (Immerhin stand da nicht »*Pickled Tongues / Calves Heads / Sweetbreads / Always in Stock*«) (An welcher Kneipe haben wir das bloß aufnotiert?)

Hier, wo auch immer wir waren,
hier ging's auch nicht um Croptons *Britannia Ale*
(lauwarmes Toastbrot),
nicht um *Tom Wood's Hop and Glory*
(flüssig gewordner Rauch),
nicht mal das Lachen übern Namen des Bieres
blieb uns im Halse stecken,
denn hier ging's um alles,
es kam ausm Osten, wie man sofort hörte,
hatte die Tundra oder die Taiga oder
jedenfalls jede Menge Sibirien im Silberblick
(nie wußte man,
wen's tatsächlich ansah,
das Luder),
vor allem hatte's 'ne sehr spezielle Art,
sich mit gestreckten Beinen zu bücken,
der Oberkörper fiel wie an 'nem Scharnier runter,
ziemlich sensationeller Anblick,
besonders von hinten,
so daß alle wie die Besoffnen orderten,
was im Kühlschrank möglichst weit unten stand,
und sich um Kopf und Kragen lallten, wenn sie einander
die Vorzüge von 'ner schielenden Zapferin erklärten,
ihr hinterherstierten oder
kackdreist Angebote zuprosteten.

Wir sahen einander nur kurz an,
der Pfalzgraf und ich,
's war auch ohne Worte klar,
daß der Abend soeben

’ne entscheidende Wendung genommen hatte,
daß sibirische Zapferinnen das einzig Wahre waren
und daß wir diese hier,
wenn wir or’ntlich was auf sie tränken,
39 daß wir sie noch sibirischer finden und
besser im Gedächtnis behalten würden.

Folglich orderten wir ’n *Late Red*,
unterstes Kühlschrankfach,
zu dem uns vor lauter Gegröle und Gerangel rundum
überhaupt nichts einfiel;
anschließend ’n *Autumn Leaves* von Daleside:
Es setzte genau dort an,
wo sich die letzten Säfte in den Blättern
zu was Bitterbraunem verdichtet hatten;
beim zweiten Schluck fast wie gerösteter Kräutertorf,
beim dritten entpuppte’s sich
als der mißratne Moorbruder des *Guinness*,
schwer wie Brot, wir waren froh,
als wir’s hinter uns hatten.

Der sekundenruckweise Countdown der Lichterkette
zerflimmerte, je bewußter man die Sache zu fixieren suchte,
zerflimmerte in so ’ne Art unablässigen Pulsschlag
des Präsens
oder wie man das bezeichnen sollte,
so ’ne Art postmodernes Memento mori der Moderne,
so ’n strukturiertes Spannungsgefälle von bedingter
Kohärenz
zu unbedingter Kohäsion,

unsre Beobachtungen wurden immer treffender
und fundamentaler,
während die Lichterkette immer heftiger
und überall gleichzeitig zu blinkern begann,
wir hatten wohl schon ’n bißchen was getrunken,
’n ganz kleines bißchen,
vielleicht waren unsre Thesen deshalb
so sagenhaft wichtig,
unsre Formulierungen so verteufelt präzis,
nicht mal der Dalai Lama
hätte’s besser aufn Punkt bringen können.

Alle andern um uns rum
stießen ’n mehr oder weniger anhaltendes Gesülze,
versetzt mit schräg aufplatzendem Gelache
und richtig runden Rülpsern, ausm Schlund,
sofern sie nicht rundenweise –
»Neck it!« »Down in one!« –
was Kurzes verklappten,
Algenwhisky oder Wodka oder
sogar *Butterscotch Schnapps*,
der ja eigentlich eher
zu unsern Dartdamen gepaßt hätte,
aber egal,
vielleicht wollten sie sich damit auch nur
die Zäpfchen an der Gurgel festkleben,
damit der Rest schneller durchlief.

Nicht ganz so egal war’s,
wenn irgendwer in der Nachbarschaft
’nen gemeinen Koffer abstellte,
beim Einatmen erschrak man erst mal mächtig,

eh man sich empört nach allen Seiten umgucken
und dann wieder auf die Zapferin konzentrieren konnte.

Und einer, der beständig sang,
hielt sich Strophe für Strophe
rücklings an mich angelehnt.
Doch die Kneipe zu wechseln
kam natürlich nicht in Frage.

Also in Gottes Namen
und des Wortspiels wegen
’n *Premium Spitfire Kentish Ale*,
das *Bottle-of-Britain*-Bier,
»*No Fokker comes close*« (haha),
»*Downed all over Kent, just like the Luftwaffe*« (haha),
das Schild am Zapfhahn versprach uns Toffee,
Zitrus und
fruchtige Würze,
wir schmeckten bloß
das verglühte Blech der abgeschoßnen Stukas.
Hinterm Tresen hing knallrot ’n Plakat der Brauerei,
auf dem groß dargestellt war, wie man ’n Glas
von ihrer idiotisch witzigen Plörre

in zwei Zügen runterspülte:
»Goering. Goering. Gone.«
Das machte uns
so richtig gute Laune.[19]

Kurz drauf entdeckten wir auch
die WM-Poster derselben Brauerei,
gleiches Knallrot, richtige Hingucker,
auf denen übern deutschen Fußball gewitzelt wurde
(*»Ref, watch the Germans.*
They're always trying
to nick a few extra yards«).
Fast hätten wir uns den Umstehenden auf der Stelle
als Hunnen zu erkennen gegeben und
entsprechend gehaust, fast.
Fast hätten wir zumindest
'n bißchen rumgepöbelt,
'n Trinkspruch auf die Scottish National Party abgelassen
oder was in der Art, fast.

19 Tage später, bei 'nem weiteren Zug durch die Gemeinde, sahen wir 'n Poster, auf dem das *Spitfire*-Glas auf ex geleert wurde, dazu als Text nichts als »*19:39*« überm vollen und »*19:45*« überm leeren Glas. Der Barkeeper lobte das Bier, die Brauerei habe früher auch schon mal – und zu Recht – damit geworben, es habe »*No nazi aftertaste*«.

Um aber bei der Zapferin am Ball zu bleiben,
bestellten wir so gleichmütig wie möglich
'n *Seafarers Ale*
(»*For every pint sold*
43 *we make a donation to the Seafarers UK*«,
immerhin trank man für 'n guten Zweck)
und hinterdrein 'n extrem friedliches *Rudolph's Reward*,
's lief glatt durch 'n Hahn
und lag dann tot im Glas,
wahrscheinlich war's ausn Resten des Vorabends
vom Chef persönlich zusamm'gekippt worden
und im erstbesten leeren Faß
zurück untern Tresen gerollt.

SIEBTE STATION

In dieser Phase des Abends muß es gewesen sein,
daß etwas ausn Fugen oder von der Rolle geriet,
im Zweifelsfall der Pfalzgraf,
der sein volles Glas beim Glotzen
47 in der leeren Luft abstellte,
's klirrte nicht mal, als es parterre aufschlug,
der Teppichboden saugte die Flüssigkeit
ratzfatz in sich rein,
man hatte nur die Scherben
mit der Fußspitze wegzuschieben,
das Schmatzen untern Sohlen zu überhören,
unbeteiligt rumzuschauen und –
ja, 's war wirklich jeder mit was anderm beschäftigt –
und einander umso eifriger zu versichern, daß man
schon ganz staubig im Schlund sei,
daß man kaum schmerzfrei schlucken
und also dringend Nachschub vertragen könne:
'n *Ha'Penny Bitter,*
'n *Gogmagog Golden Ale,*
'n *Spring-Heeled Jack* –
alle übrigens von der Ha'Penny Brewery
(»*established 2009*«,[20] mutig),
alle bitter, erst recht bitter, am bittersten.

Wir stießen mit jedem an,
der uns in die Quere geriet,
wir nickten zu jeglichem,

20 Die beiden Gründer, Mr. Happé und Mr. Penny, lassen uns auf ihrer Homepage in aller Bescheidenheit wissen: »*Our ales are named after the great, the good, the notorious and the legendary of the City of London.*«

was uns ins Ohr geblökt wurde,
mit 'nem Mal war's ganz einfach
in diesem dampfenden Getöse,
man tönte irgendwas zurück und
verzog sein Gesicht zu 'nem Grinsen,
schon bekam man die Schulter beklopft
oder 'nen Witz erzählt, der irgendwie
mit 'ner sibirischen Latrine zu tun hatte,
die nur aus zwei Latten bestand
und jeder Menge Wölfe drumrum.

Wir tranken,
was blieb uns andres übrig,
wir tranken
und tranken.
Old Cocky von Weltons.
Wandle von Sambrook's.
Jack Frost von Fuller's
(»*Warming Winter Ale*«),
unter den schlechten vielleicht das beste.
Dann das *Landlord* von Timothy Taylor
(»*championship beers*«),
'ne Farbe wie 'n kräftiger Malt Whisky,
das Bouquet mit unfeiner Kümmelnote
(oder Eukalyptusbonbon?),
Zug um Zug wurde's zudringlicher,
'n richtiges Stinktierbier,
am Ende war das Zeug endlich weg,
doch der Geschmack –
perfides Albion! –,
der Geschmack davon blieb.

ACHTE STATION

Beim Pinkeln las ich überm Pissoir
»*How to make a sauerkraut*«,
daneben »*Mention the war*«,
da hätt ich mich um 'n Haar
tatsächlich noch in König Attila verwandelt
(und in seine Goldne Horde
gleich mit).

Im Vorraum der Toiletten
hockte indes 'n Mädchen aufm Boden
und heulte so richtig Rotz und Wasser;
'n paar von diesen Eastend-Jecken
stiegen lachend über sie drüber,
um im Klo ihre Pillen einzuwerfen
oder Pulver zu schniefen;
als ich zu deutlich hinblickte,
hätt ich fast eine geknallt bekommen,
wär nicht im selben Moment hinter der Damentür
'n derartiges Gekreische losgegangen,
daß sich sogar das Mädchen schleunigst aufrappelte,
um nachzusehen, wer da grade verarztet wurde.

Wie ich zurück in 'n Schankraum kam,
waren alle Männer meine höchstpersönlichen Freunde
und alle Frauen willig, wunderbar und schön.
Bloß die sibirische Zapferin war verschwunden.
Ausgerechnet die.
Wahrscheinlich waren wir auf unserm Zug um die Häuser
schon ein, zwei Ecken weiter,

als ich gerade eben noch gedacht hatte,
schlimmstenfalls schon in der Urban Bar,
doch das würde sich später klären lassen,
jetzt mußte ich mich erst mal
aufs Nächstliegende konzentrieren,
aufn Nächstsitzenden oder -stehenden,
damit der ganze Raum nicht ins Rotieren geriet
und auch ohne Zapferin abhob.

Nachdem ich mich, Schritt für Schritt,
zu mei'm Platz zurückgetätschelt
und -gehangelt hatte,
hielt ich mich mit der einen Hand
am Barhocker fest,
mit der andern weckte ich den Pfalzgraf.
Alles war in dieser Nacht
vielleicht nicht mehr möglich.
Doch zumindest einiges noch,
fürn zünftigen Tresenschlaf
blieb später Zeit.

Weil wir die Zapfhähne aber
so ziemlich durchhatten,
machten wir uns ans Flaschensortiment der Stadt,
zunächst an 'nen *»Ho, ho, ho!«-Hobgoblin,*
»the unofficial beer of Halloween«,
'ne Art englisches Trappistenbier,
's biß in die Zunge wie Klosterfrau Melissengeist,
und danach, auf zotige Empfehlung des Wirts,

an 'ne Flasche *Bishops Finger,*[21]
sodann an *Fortyniner,*
'n Wildschweinbräu von der Ringwood Brewery,
bestürzend präsent und
53 mit reichlich Hautgout noch beim Aufstoßen,
gefolgt von 'nem *Wychcraft,*
ebenfalls Halloween-Edition,
Santa's Reserve,[22]
Red Bull Terrier und
Strong Suffolk,
'nem strammen Sechsprozenter,
fast so was wie 'n Kräuter-Ricola zum Trinken.

Spätestens jetzt fingen wir an,
uns auf Pidgin-Englisch zu unterhalten,
wir ließen hämische Lobhudeleien
aufs *wirkliche Bier* ab, rühmten
das britische Brauwesen im allgemeinen
und jeden neuen Schluck im besondern,
sobald einer ins Stocken geriet,
war der andre dran

21 Irgendwie haben sie's in England mit 'n Bischöfen: Ihren Flüssig-Brie nennen sie *Stinking Bishop.* Mit sei'm Gestank könne man angeblich Tote zum Leben erwecken; *gegen* den Gestank hilft wahrscheinlich nur, wenn man … alsdann: »*Knock it back, the tonsil trouncer!*«

22 Eines der »*hand crafted real ales*« von Ascot Ales: »*This is a perfect winter warmer with lightly spiced aromas of cinnamon, coriander and ginger. The palate is full, with a pleasant spicing coming through. Very smooth and drinkable.*« Uns schmeckte's eher so, als wär's direkt aus 'nem alten Elefantenrüssel gezapft.

und man mußte ’ne Weile lang bloß mit
»*Uyuyuyuy-ayayay*« kommentieren, mit
»*O-o-berriberriguudääl*« oder mit
»*Aidlinktossehälssofköönlpaff*«.
54 Wir hatten schon mächtig eingelitert
oder eigentlich eingepintet,
wahrscheinlich waren wir längst im George gelandet,
und wenn wir noch gekonnt hätten,
wir wären wohl nach Haus gegangen.

Aber nein, wir wollten’s wissen.
Um uns rum tobte ’ne Weihnachtsfeier
oder der Osterhase mit sei’m Gefolge
oder welche wilde Jagd auch immer.
Der Pfalzgraf entdeckte unter den Gästen
’nen Penner, der ihm angeblich
Tag für Tag an derselben Stelle auflauerte,
demütig samt Hut und Hund
direkt vor seiner Lieblingsimbißbude,
»*The Thrill of the Grill*«,
auf ’ner Decke kauernd,
im Moment allerdings perfekt als Eastend-Gecko verkleidet,
auf einem der Sperrmüllsofas lümmelnd,
als würde er seit eh und je hierhergehören
und auch fürn Rest seines Lebens
genau hier und nirgendwo anders
weiter- und weiterlümmeln.
Der Pfalzgraf war drauf und dran,
ihn zur Rede zu stellen oder ihm wenigstens
was auf die Mütze zu geben;

wenn man ihn freilich lang genug fixiert hatte,
sah er fast wieder wie ’n Penner aus,
was dann doch irgendwie so beruhigend wirkte, daß wir uns
zur Tagesordnung zurückbegaben: *Cheers* und
tschüs.

NEUNTE STATION

Ganz eigentlich
hatten wir andre Sorgen,
schließlich bekam man auch von schlechtem Bier
verdammt gut Hunger,
59 wir mußten schleunigst was dagegen unternehmen.
Der Wirt kramte seine komplette Chipskollektion
aufn Tresen,
lauter absurd winzige Tütchen,
von *Salt & Vinegar*
über *Prawn Cocktail*
bis zu so was Abgefahrnem wie
Mint Lamb und
Sea Salt and Crushed Indonesian Pepper,
ansonsten hatte er nichts zu bieten,
nicht mal *real pretzel* oder *real bratwurst*,
nur Chips.[23]

Am Ende hatten wir uns einmal
durch seine ganze Palette gearbeitet
und waren noch immer nicht satt.
Durstig hingegen schon.
Überraschend durstig.
Na gut, deswegen waren wir auch hergekommen,
oder etwa nicht?
Wir hatten ja gerade erst mal
den Himmel über uns leergesoffen!
Als nächstes würden wir jetzt parterre –

23 Seine Hefeextrakt-Sticks namens *Marmite* entdeckten wir erst beim nächsten Mal; sie waren mit Rauch imprägniert und schmeckten wie verbrannte Hühnerknochen.

irgendwas rauskriegen,
was wir unbedingt rauskriegen wollten
oder gewollt hatten
oder hätten?
Was verdammt Fundamentales,
was verdammt –
Wo waren wir stehengeblieben?

Auf jeden Fall an ’ner Stelle,
wo man ’nen ehrlichen Durst hatte und
entschieden was dagegen unternehmen mußte.
Nachdem wir den neuen Brand mit ’nem *Old Hooky*
von der Hook Norton Brewery
(»*Where progress is measured in pints*«)
so lala gelöscht hatten,
laut Flaschenetikett »*a beautiful balanced beer,*
fruity by nature with a well rounded body and
the suggestive echo of crystal malt,
brewed for the discerning drinker«,
war unsre Zunge derart belegt,
daß wir gar nichts mehr schmeckten.
Die Chips hätten zerhäckselte Pappteller sein können,
die Flüssigkeit in unsern Gläsern fast so was wie Bier.
Wir hatten ganz or’ntlich geladen,
mit Müh und Not nahmen wir noch
Wort für Wort
den Etikettenschwindel zu Protokoll.
So viel zu den Flaschenbieren.

ZEHNTE STATION

Der Vollständigkeit halber soll vermerkt werden,
daß wir uns entschloßnen Schrittes und
ohne uns irgendwo festzuhalten
oder sonstwie aus der Spur zu geraten,
63 daß wir uns zu den Rauchern vor die Tür begaben,
als die Schlägerei losging.

Angeblich hatte einer der Bengalen oder Pakistaner,
man konnte die Burschen ja eh nicht auseinanderhalten,
angeblich hatte einer von diesen
pulkweise vorbeipalavernden Jungmännern
'ne Raucherin zu lang angesehen
oder zu schräg
oder einfach nur zu laut geredet
oder gelacht,
und schon waren,
quer über die Straße hin und her wogend,
an die zwanzig, dreißig Gestalten schwer damit beschäftigt,
einander was auf die Fresse zu geben.
Die Autofahrer bremsten kurz ab,
suchten sich zwischen den Schlägernden
die erstbeste Lücke und gaben Gas,
auf daß sie möglichst schnell weiter-
und ohne Beulen davonkamen.

Wohingegen wir in aller Ruhe zusahen und –
seltsam, hier draußen lief's wieder ganz von alleine
den Hals runter, als hätten wir
gerade erst mal frisch durchgespült –
wohingegen wir in aller Ruhe
die Aussicht genossen und

Olde Trip degustierten,
Ridley's Witchfinder,
Titanic Iceberg,[24]
Oxford Gold,
Robinson's *Mr. Scrooge »Humbug« Bitter,*
welch vielversprechend literarischer Name,
und *Adnams Tally-Ho*
(7,2 %: »*An unashamedly strong winter warmer*«),
wir fragten uns lange,
ob wir am Anfang was versäumt hatten
oder ob am Schluß noch was käme,
wenn schon nicht bei der Schlägerei,
so wenigstens bei den Bieren.
's kam aber nichts.

Nicht mal 'ne Kupfermünze.
Oder 'ne Fichtennadelkomprette.

Nachdem sich alle gründlich ausgetobt hatten und
aufn Fahrspuren wieder ausschließlich Verkehr floß,
hörte man von fern die ersten Polizeisirenen,
'n paar kotzten noch schnell,
ehe sie sich trollten,
um drinnen weiterzumachen.
Wir zogen ebenfalls ab und bestellten
'n *Red Fox,*
das als »*autumn ale*« deklariert war, danach
'n *Discovery,*

24 Vielleicht auch 'n *Lifeboat Ale* von der Titanic Brewery, meine Aufzeichnungen zu diesem Teil des Abends sind arg kryptisch.

das als »*blonde*« daherkam.[25]
Während der Pfalzgraf beim Pinkeln war,
genehmigte ich mir 'n *Meantime* auf eigne Kappe,
schon des Namens wegen.[26]

65

Die Polizisten machten mittlerweile ausgiebig Anstalten,
den Eingang zum Pub mit ihren Metalldetektoren zu verstellen,
jeder, der reinwollte, mußte ihnen beweisen,
daß er allenfalls 'n paar Pennys
oder 'n Zippo bei sich trug;
weil vorhin auch 'n paar Kratzer
in die parkenden Autos gekommen waren,
versicherten drinnen reihum alle,
daß sie nichts gesehen hatten.

Da wir als Hunnen aber sowieso außen vor waren
und uns also längst wieder gemütlich
was eingetrichtert hatten,
mit bestem Blick auf die Geschäftigkeiten im Eingangsbereich,
machten wir weiter mit *Magik*,
an dem wir Noten von verschwitzten Sattelgurten wahrnahmen,
und mit *Muldon Gold* (»*Mighty Oak*«),
'ne Art Parodie auf Barrique-Wein,

25 Ob blond, ob (rot-)braun, dahinter steckte wieder mal Fuller's.

26 Im nachhinein stellte sich raus, daß es 'n Bier dieses Namens gar nicht gibt; Meantime heißt die Brauerei in Greenwich. Was hab ich von denen wohl getrunken? *Coffee Beer*? Oder 'n stinknormales *London Pale Ale*?

auch ’n *Pedigree* aus der Dose verschmähten wir nicht,
angeblich das »*Official Beer of England*«,
gebraut in Marston’s »*Cathedral of Brewing*«,
seit 1834 im hauseignen Eichenfaß ausgebaut – und?
Hatte’s irgendwas gebracht?

ELFTE STATION

Kann sein, daß wir zu diesem Zeitpunkt
'n bißchen ausm Tritt gerieten,
irgendwie hatten wir nicht aufgepaßt
und schon waren wir am Sinnieren.
69 Saßen wir denn nicht mitten drin im Geschehen?
Und waren wir nicht
auf 'ner ganz heißen Spur?
Bloß … auf welcher und wohin?
Um nicht endgültig dem Grübeln
und am Ende gar dem Trübsinn zu verfallen,
erinnerten wir uns wechselweise dran,
daß wir heut abend bislang alles,
aber auch wirklich alles richtig gemacht hatten:

Zuletzt im Morgan Arms,
nicht wahr? Und davor im
Coborn Arms, oder? Und
*da*vor? In –
The Grapes?
Im Captain Kidd?
Keine Ahnung, wie wir da hin-
und wieder zurückgekommen sein wollten,
von uns dreien konnte sich keiner mehr erinnern.

Wo auch immer wir gewesen waren,
wir hatten uns gefreut, wenn der Zapfer
mit zwei langsam langen, weichen Zügen der Pumpe
das Glas füllte, abschließend 'nem kurzen dritten,
damit's auch ja randvoll war,
kein Millimeter Platz blieb für 'ne Krone,
um Himmels willen,

die hätte ja was von all den Anklängen
an Marzipan und Marshmallows
und an feine Gewürze und Nüsse
und den ganzen andern Quatsch genommen!
Wir hatten uns an den Trinksprüchen gefreut,
die wir im Boden mancher Gläser eingelasert fanden
(*»You're Due a Deuchars«*,[27] *»Proud of your pride«*,*»Spot on«*),
hatten uns über die Gläser selbst gefreut,
so sehr, daß wir einige davon diskret verstaut
und mitgenommen
und irgendwo wieder
vergessen hatten.

Großartiger Abend!
Großartige Stadt!

Aber … die Juwelen in Londons Krone,
die angeblich jeder kennenlernen wollte,
der hierherkam, zumindest *Brewer's Gold*
aus hundert Prozent britischem Hopfen
und zweihundert Prozent britischem Malz,
abgefüllt mit reinstem britischen Feudelwasser,
voll britischer Hefe, britischem Geist
und was auch immer die Brauereien
für ihr Gebräu ins Feld zu führen gewußt?
Glas für Glas hatten wir,
und zwar stets bis zum bittern Ende,

27 Eigentlich ist *Deuchards IPA* 'ne rein schottische Angelegenheit – *»brewed by hand in Edinburgh«* –, doch derlei Feinheiten bekamen wir zu diesem Zeitpunkt nicht mehr mit.

hatten davon Gutes, Klares und Kaltes erhofft.
Hatten nichts unversucht gelassen,
um der Sache aufn Grund zu gehen,
um sie womöglich aufn Begriff zu bringen
 oder wenigstens zu kapieren,
warum's so sein und schmecken mußte,
wie's offensichtlich war und schmeckte.
Und wollten's eigentlich auch weiterhin versuchen.

Aber … wir sahen und schmeckten nun alles
doppelt und dreifach,
was das Ganze nicht grade erleichterte,
'n sagenhaft ruhmreiches Besäufnis
war an 'nem Punkt angelangt, von dem aus
der bisherige Verlauf des Abends
wie 'n grandioser Triumphzug
oder wie 'n einziger Passionsweg aussah,
's kam sehr drauf an,
wie man die Dinge betrachtete.

Aber … wer hatte jetzt noch
'n Nerv für die Dinge
und wie man sie am besten betrachtete?
Wo man sich doch mit Macht
drauf konzentrieren mußte, die Tür
und nichts als die Tür
im Auge zu behalten,
weil man sonst vom Hocker gekippt
oder von irgendwelchen Fliehkräften erfaßt worden wäre,
die hier offensichtlich herrschten,
wir waren lull und lall

und die Welt ’ne verflucht schiefe Scheibe,
wir hatten alle Hände voll zu tun,
uns an ihr festzuhalten,
auch wenn wir dabei
nicht mal ’n kleinen Finger rührten,
das war’s ja gerade,
keine falsche Bewegung,
dann würde uns irgendwann auch noch
’n Abgang in Ehren vergönnt sein.

Wir hätten gern Vollzug gemeldet.
Aber selbst das konnten wir nicht mehr.

Was wir heut abend auch getrunken hatten
(um’s wenigstens noch schnell zu notieren,
ehe ’n kapitaler Filmriß anstand),
was wir auch benippt und
beschlürft und
tapfer runtergekehlt oder
sonstwie gemeinsam weggekübelt hatten,
’s war schaumlos schal und
schamlos lack und
leblos gewesen,
’ne Serie müder Malztümpel:
Ob *pale* oder *real*,
für uns war’s und blieb’s einfach bloß *ale*,
das traurige Gesöff für Menschen, die –
(und an dieser Stelle des Protokolls
legten wir noch mal richtig die Köpfe schief,
ließen alles zusamm’laufen, was wir
darin an Nettigkeiten ausmachen konnten) –,

das traurige Gesöff für Menschen,
die auch beim Essen
kaum über *fish and chips* rausgekommen sind
und über Würste,
 die wie fritierte Spülschwämme schmecken.

ZWÖLFTE STATION

Als ich vor lauter Pfalzgrafen und halbvollen Gläsern
nicht mehr wußte, wohin greifen
und reden
und rülpsen,
77 stellte ich mir den Braumeister vor,
der uns das alles vor Urzeiten
oder gestern erst eingebrockt hatte:
'n bucklicht Männlein, das –
aber schon sah ich deren zwei,
abwechselnd riß ich die Augen so weit wie möglich auf
und kniff sie zu schmalen Schlitzen,
erst als ich sie völlig geschlossen hatte,
sah ich 'n einzelnes Männlein vor mir, das –?
Richtig, das war ja der Braumeister!
Wie er, vielleicht vor zwei-, dreihundert,
vielleicht auch nur vor zwei, drei Jahren,
wie er beim wievielten Versuch
die wievielte Kelle eintunkte
in seinen selbstverschuldeten Sud,
sie erst zögernd,
dann gierig leerte,
sich die Lippen leckte und
'n fröhlich festes »Ja!« verlauten ließ,
»Das isses«,
»'s kann losgehn, Jungs«,
und wie er sogleich von reifen Früchten am Gaumen
und Anklängen an Gewürzpunsch zu faseln anhob,
auf daß die Geschichte der Brauerei
und des Bieres
und der dazu passenden Bierlyrik
ihren unseligen Anfang nahm.

So war das nämlich,
sagte ich mit fester Stimme,
ich wär in dieser Nacht doch zu gerne mal probeweis
'n bucklicht Männlein gewesen,
wer weiß, wie die Sache dann ausgegangen wär.
's hörte mir aber niemand zu,
sämtliche Pfalzgrafen waren längst eingepennt.
Und ich womöglich auch.

DREIZEHNTE STATION

Wie uns die Tresenschlampe weckte,
indem sie zur letzten Runde läutete[28]
(War das nicht eben noch 'n Typ gewesen,
'n Typ aus Australien?)
81 (Waren wir nicht eben noch im Dove gesessen?)
(Oder sogar im London Fields?),
bestellten wir jeder schnell zwei Pints,
wie all die andern auch.
Weil die Tresenschlampe dann aber die Tür zusperrte
und das Licht draußen abdrehte,
hatten wir sogar noch Zeit
für 'n paar *Lager* von sonstwo,
nur so, um 'nen direkten Vergleich zu haben oder
'n versöhnlichen Ausklang zu finden oder
um uns nicht eingestehen zu müssen,
daß wir beim Degustieren einheimischer Gesöffe
ums Verrecken nicht
über feuchte Feudel rausgekommen waren,
selbst wenn wir damit unsern ursprünglichen Vorsatz
übern Haufen trinken mußten,
und wahrscheinlich auch einfach deshalb,
um das Ende noch 'n bißchen rauszuschieben:
Das ubiquitäre *Foster's* (»*The amber nectar*«).
Stella Artois (»*Reassuringly expensive*«).
1664 Kronenbourg, das es in dieser Stadt
zu 'ner erstaunlichen Verbreitung gebracht hatte

28 *Last call*, in der Regel nach wie vor um elf; man war in dieser Stadt gezwungen, spätestens um sechs mit dem *pubbing* anzufangen (und bei jeder Station aufzupassen, sich nicht vor der Zeit festzusaugen), sonst lohnte's ja nicht. Aber im George (oder wo immer wir waren) hatte man offensichtlich 'ne verlängerte Schanklizenz.

(»*A pint of numbers, luv*«).
'n *Becks Vier* natürlich,
'n *San Miguel* wohl auch.

82 Dazwischen sogar 'n amerikanisches Flaschen-*Ale*,
He'Brew Jewbelation Twelve
von 'ner obskuren Shmaltz Brewing Company,
immerhin 12 %, fast schon Sirup,
vielleicht 'ne Art koscherer *Triple Bock*
für unglücklich Verliebte.
Oder für die,
die sich ganz tief
im Wald verlaufen haben.
Auf der andern Seite der Welt.
Ohne Hoffnung, da je wieder rauszufinden.
Und wie sie so mit ei'm Mal kapieren,
daß sie wirklich am Ende sind
und daß jetzt eh alles wurscht ist,
da greifen sie natürlich
zur Pulle,
setzen beherzt an und –

Ach ja,
'n *Red Stripe* aus Jamaika
war wohl ebenfalls dabei.
Und 'n italienisches Bier, dessen Namen ich
schon beim Abstellen der Flasche
wieder vergessen hatte.[29]

29 Anmerkung des Pfalzgrafen: *Peroni*.

Der Pfalzgraf schwieg bei alledem,
wer weiß, ob er noch die Tür fixierte
oder bereits damit beschäftigt war,
Kräfte fürn Heimweg zu sammeln.
83 So oder so, die Sache war gelaufen,
man brauchte da gar nicht groß drumrumzureden
oder 'n allerletztes Mal zu versuchen,
sich's schöner zu saufen,
die Welt hatte uns wieder
aufm Boden der Tatsachen,
und mit uns all die andern Helden,
die hier verstreut aufn Tischplatten
'n feines Stilleben mit Bierleichen abgaben,
auch die Wölfe heulten nicht mehr,
die uns heut nacht
bis nach Sibirien getrieben
und die wir so tapfer
mit 'ner Latte verjagt hatten
(oder wie der Witz auch ging).

Freunde der Fritte,
hob der Pfalzgraf plötzlich
mit fester Stimme an,
sagte und sprach
(aber mehr zu sich selber
als zu irgend jemand sonst):
Für heut ist dann wohl Schicht am Schacht
und Ende im Gelände.[30]

30 Anmerkung des Pfalzgrafen: Zumindest sagte ich: »Für heut ist dann wohl Schicht im Schacht und Ende Gelände.«

Doch erst beim *Carlsberg* hielten wir wirklich inne,
denn da merkten wir, daß alles um uns
und in uns gleichermaßen grau geworden war,
daß wir uns selbst über 'n *Carlsberg*
nicht mehr aufregen konnten,
daß wir 'n *Double Chocolate Stout* nicht mehr
von 'nem *Goosinator* unterscheiden konnten,[31]
daß alles, alles am Ende
nicht mal mehr nach Feudeln, sondern
nach matt hängenden Ärschen und
Altmännerschweiß schmeckte,
man hätte uns sogar 'n *Heineken*
als *London Porter* vorsetzen können,
wir hätten's achtlos weggemacht.

31 Dem *Double Chocolate Stout* ging ich bei nächster Gelegenheit mal systematisch aufn Grund – 'ne cremig feste Bitterschokolade, als Kaltschale serviert, eher was zum Kauen als zum Trinken. Wohingegen der *Goosinator* nirgendwo mehr aufzutreiben war; soll 'n *Doppelbock Lager* von der Left Hand Brewing Company sein. Vielleicht reicht das fürn Rechtstrinker wie mich ja auch schon.

VIERZEHNTE STATION

Überm Pissoir lasen wir:
»Is everything shit or is it just me?«[32]
Wir schlugen unsre letzten Pfunde aufn Tresen
und schauten, daß wir davonkamen.

87

Draußen war der Herbst inzwischen zu Ende gegangen
und der Winter mit 'ner flaumleichten
Schneekrone eingezogen.
Von den Docklands blinkten die Dachgiebel
der Hochhäuser,[33]
im Himmel hingen mindestens drei Monde,

und wie man von hier je nach Hause kam,
stand in 'n Sternen
(von denen freilich kein einziger
zu sehen war). Aber

das war jetzt auch egal.
Spätestens übermorgen würden wir wieder nüchtern
und auferstanden sein zu neuen Taten,
bereit zu allem, was wir heute

vielleicht verpaßt hatten.
Denn wir konnten und konnten
und konnten's noch immer nicht glauben.
Wir wollten es wissen.

32 Anmerkung des Pfalzgrafen: Über mei'm Pissoir stand bloß wieder mal: *»If arseholes could fly this would be a fucking airport«*, daneben: *»And you'd be the plane«*. Zum Abheben war's für diesmal aber zu spät.
33 Seltsam, zwei Tage später sahen wir nur 'n einziges Hochhaus, das blinkte. Dafür spielte 'n Ampelbaum verrückt. Und der Himmel drüber, ungelogen, der war rot.

ANHANG

Meine höchstpersönliche »Campaign for Real Ale«

Der urenglische Ort schlechthin, der sich trotz aller globalistischen wie touristischen Vereinnahmung derzeit noch an jeder fünften Londoner Ecke finden läßt, ist der Pub. Darin kommt, oft hinter unscheinbarer Fassade oder in traurig dahindämmernden Interieurs, nach wie vor viel von dem zusammen, was für den Ausländer die »typisch englische Lebensart« ausmacht. Auch der ungebrochene Patriotismus – würde er von Deutschen auf diese Weise praktiziert, wir würden dafür einen deutlicheren Begriff verwenden – tritt immer mal wieder in überraschender Direktheit zutage: beim Fachsimpeln über Fußball zum Beispiel, wenn man plötzlich darauf hingewiesen wird, daß England zwei Weltkriege und einen Weltcup gewonnen habe, summa summarum drei Mal, noch Fragen?

Und natürlich spielt auch das einheimische Bier alias *ale*, vor allem das echte einheimische Bier alias *real ale*, in Sachen Nationalstolz keine geringe Rolle. Dabei ist es als solches erst in den frühen Siebzigern des letzten Jahrhunderts erfunden oder jedenfalls mit einer Art Braukodex versehen worden; die *Campaign for Real Ale (CAMRA)* definiert es auf ihrer Website als »*beer brewed from traditional ingredients (malted barley, hops, water and yeast), matured by secondary fermentation in the container from which it is dispensed, and served without the use of extraneous carbon dioxide*« (www.camra.org.uk). Nunja, so ähnlich hat man's in Bayern auch mal festgehalten, im Jahre 1516, und es hat sich als bayerisches und späterhin deutsches Reinheitsgebot durchaus bewährt – kein Grund, sich darüber heute noch sonderlich zu erhitzen.

In England hingegen schon, hier hinkt man der Entwicklung ausnahmsweise einmal hinterher, will mit gewaltigem Aufwand an Rhetorik und PR innerhalb weniger Jahrzehnte aufholen, was auf dem Kontinent seit Jahrhunderten in die Alltagsgeschichte des Alkoholkonsums eingegangen ist. Der Lärm, der da von einigen mittelständischen und vor allem unzähligen winzigen Provinzbrauereien erzeugt wird, hat durchaus sein Gutes: Der Vormarsch von Carlsberg, Heineken, InBev et alter scheint durch diese beherzte Gegenoffensive wenigstens nicht als totaler Durchmarsch zu gelingen. Das Faß an *real ale* jedoch, das dabei aufgemacht wird, ist zumindest auf dem Papier ein gewaltiges und von solch sagenhafter Qualität, als käme es direkt aus Pilsen oder München oder welcher Welthauptstadt des Bieres auch immer. Womit der Kult um die einzelnen englischen Marken und ihre saisonalen Sonderabfüllungen, mit den Augen des Nichtengländers betrachtet, eine unfreiwillig komische, ja groteske Seite gewinnt:

Auf unzähligen Bierfestivals verkosten mehr oder weniger selbsternannte Hopfengurus und Profisäufer um die Wette, verteilen Goldmedaillen und lobende Erwähnungen in einer outrierten Gourmetsprache, die eins zu eins der Weinverkostungslyrik entnommen scheint. Auf den entsprechenden Internetseiten tut's ihnen eine riesige Schar an Amateurtrinkern nach, man vergibt Noten und Sterne für Farbe, Geruch und Abgang, bestätigt und kommentiert einander (widersprochen wird erstaunlich selten), zelebriert den alltäglichen Durst, als wäre ein Pint so etwas wie die englische Variante des Bordeaux, bloß besser. Natürlich tun auch die Brauereien das Ihre, prägen mit Inbrunst Werbeslogans und ganze Bekenntnisse, die gern das genuin Britische an ihren Produkten herausstreichen; noch die allerkleinste *microbrewery*, Vater & Sohn Co., klopft beherzt Sprüche, die sich auf den Flaschenetiketten und, ergänzt durch Verkostungsgeschwafel, auf den Zapfhähnen wiederfinden: Man ist beim Trinken ständig von Text umstellt, eine hochpoetische Ausgangsposition; und bis hierhin ist die Sache durchaus reizvoll und macht auch dem deutschen Mittrinker Spaß.

Dann aber bestellt man, nimmt den ersten Schluck und – ist bitter enttäuscht, daß nach dieser gigantischen Selbstanpreisung nicht etwa nichts kommt, was der Rede wert wäre, sondern etwas geschmacklich so grundsätzlich Verstörendes, wie man's sonst nur von mongolischer Jurtenverköstigung her kennt, wenn im Namen von Gast- und Völkerfreundschaft die vergorene Stutenmilch serviert wird.

Dermaßen vor den Kopf geschlagen wird man in einer Kneipe selten; doch während man noch mit dem Geschmackserlebnis ringt, changiert die Enttäuschung bereits zu einer Art notgedrungenen Interesses: Ein solcher Hiatus zwischen der Sache selbst und ihrem Auftritt im Medium der Sprache, das hat schon wieder was. Und wenn man sich auch schüttelt und nach Hause sehnt, nach *Augustiner* respektive *Flens* (über das man eigentlich nie viele Worte verloren hat, es ist halt süffig und man bestellt gern nach, fertig) – wenn man sich auch nach dem allersimpelsten Bierabend mit Freunden sehnen mag, bei dem Getränke allenfalls in ihrer ausreichenden Verfügbarkeit von Bedeutung sind, so kann man sich dem Faszinosum des britischen Gebräus und dem damit verbundenen Marken- und Gläser- und Zapfhahn- und Etikettentamtam nicht entziehen.

Und schon ist man angefixt. Hätte man sein Glas in einem reflexhaften Impuls auch am liebsten zurückgewiesen, so weicht der Schock des ersten Schlucks beim sukzessiven Weitertrinken dem altbekannten Selbstzweifel des Intellektuellen: Wie, wenn es gar nicht am Trunk läge, sondern am Trinker (der zu borniert ist, um die Großartigkeit des Produkts zu erschmecken)? Oder wenn man hier, mitten in einer globalisierten Metropole, wie's kaum eine zweite gibt, wenn man ausgerechnet hier in der tiefsten Provinz gelandet – und einer endemischen Extravaganz auf die Spur gekommen wäre, wie es sie in dieser bierernsten Skurrilität nur in UK geben kann? Wie, wenn der simple Bölkstoff nichts weniger als Weltanschauung wäre und seine versuchsweise empathische Verkostung auf direktem Wege in die englische Seele führte?

Dem mit systematischer Hartnäckigkeit einmal auf den Grund zu gehen, war das eine; sich des Erlebten mit Entschiedenheit wieder zu entledigen, das andere. Wer so austeilt wie ein Engländer, insbesondere beim

Unterschichtensport *German-bashing* (die *Spitfire*-Reklamesprüche, beispielsweise, sind ja nicht etwa erfunden), der darf sich nicht wundern, wenn er auch mal was einstecken muß. Nein, ein Freund des englischen Bieres bin ich, weiß Gott, bei diesem Selbstversuch nicht geworden.

Ein Freund der Stadt und ihrer Bewohner hingegen schon. Und kennengelernt habe ich sie, Stadt und Bewohner, auf meinem *Ale Trail* gewiß ein Stück intensiver als in den Museen und Kirchen und an all den hochwichtigen Orten, die man als Fremder sowieso aufsucht. Nicht die angesagte Szenebar in Shoreditch und Hoxton, sondern ein stinknormaler *pub crawl* durch Hackney oder Stepney oder Bow führt, wenn schon nicht ins Herz des alten England, wie wir es uns auf dem Kontinent gern noch eine Zeitlang vorstellen möchten, so immerhin in das des alten Londoner East End. Um es ganz klar zu sagen: Das Bier ist so ziemlich das einzige, was mir dort (und in der restlichen Stadt) *nicht* taugt.

Doch nicht einmal das stimmt, denn es fasziniert mich nach wie vor auf seine sehr spezielle Weise, mehr als all die Produkte der Systemgastronomie, die an jedem Ort der Welt gleich schmecken, nach dem kleinsten gemeinsamen Nenner, den man aus der Fülle der Möglichkeiten als »bierig« herausdestillieren kann. Wenn es mich zurück nach London und in den Pub führt, bestelle ich weiterhin nur einheimische Gewächse, wahrscheinlich hoffe ich noch immer auf das große erlösende Erlebnis, das den Fluch von all den anderen oder auch nur von meiner tumben

Zunge nimmt. Wer weiß, vielleicht würde ich mich danach ein bißchen »einheimischer« dort fühlen dürfen, das wollen wir Wahllondoner doch eigentlich alle. Ja, die Stadt ist trotz und wohl auch ein bißchen wegen ihrer absurden Biere *in a field of its own*; und wahrscheinlich habe ich dies alles bloß geschrieben, damit ich mit denen, die dort leben und die ich bei nächster Gelegenheit gern wieder auf ein Pint treffe, wenigstens schon mal in Gedanken anstoßen kann: Humor ist, wenn man trotzdem … Hoch die Tassen! Und dann aber auch schnell runter damit.

15
London
16
24
Well St
23
Tudor Rd
Mare St
Victoria Park Rd
Haggerston
2
Duncan Rd
Kingsland Rd
East Rd
Goldsmiths Row
Pritchards Rd
Cambridge Heath Rd
Hackney Rd
Geffrye Museum
Hoxton
5
4
Bethnal Green
Globe Rd
Bethnal Green Rd
Old St
Old Str
Shoreditch High St
Stepney Green
14
Mile End Rd
7
Heneage St
Brick Ln
13
10
9
17
Whitechapel
Moorgate
Liverpool Str
Whitechapel Rd
London Wall
Moorgate
Bishopsgate
18
Aldgate East
Leman St
Commercial Rd
Aldgate
Bank
Sutton St
Cannon St
Monument
Tower Hill
Royal Mint St
The Hwy
Lower Thames St
The Hwy
Garnet St
Wapping Wall
Vaughan Way
Tooley St
Tower Bridge
500m
Wapping High St
22